Unser Kamerun

Deutschlands älteste Kolonie.

Dem Deutschen Volke in Wort und Bild gewidmet.

Mit 26 Illustrationen

nach neuesten photographischen Aufnahmen.

Neu! Abb. 27. Eine Klasse der Baptisten-Missions-Schule in Bonaku.

Magdeburg.

Verlag von Gustav Poetzsch.

1899.

Das äußerst seltene und gesuchte Werk

Unser Kamerun
aus dem
Verlag Poetzsch in Magdeburg

erscheint im Rahmen ausgewählter Literatur
als exklusive Reprint-Ausgabe in der
Historischen Bibliothek des Melchior Verlages.

Die Historische Bibliothek enthält wichtige
sowie interessante Bücher zur Geschichte
und lässt anhand dieser eindrucksvollen Zeitzeugen
bedeutende Ereignisse, Begebenheiten und Personen
aus längst vergangener Zeit wieder lebendig erscheinen.

Nachdruck der seltenen Originalausgabe von 1899
nach einem Exemplar aus Privatbesitz.

M
Reprint
© Melchior Verlag
Wolfenbüttel
2012
ISBN: 978-3-942562-73-7
www.melchior-verlag.de

Inhalt.

Vorwort

Kamerun in Wort und Bild

Illustrationen:

1. Der kleine Kamerunberg (Mongo ma Etinde) vom Versuchsgarten in Viktoria gesehen.
2. Die Pirateninseln in der Ambas-Bucht von Viktoria aus gesehen.
3. Sodenstraße in Viktoria.
4. Versuchsgarten in Viktoria.
5. Rast am Baumwollbaum auf der Tour nach Buëa.
6. Station Buëa im Kamerungebirge.
7. Hafen und Hafeneinfahrt von Kribi im südlichen Kamerungebiet.
8. Kanzlerhaus in Kamerun (im Gouvernementsgarten erbaut).
9. Schule in Kamerun.
10. Haus des Gouverneurs.
11. Denkmal von Dr. Gustav Nachtigall im Gouvernementsgarten.
12. Denkmal des Freiherrn v. Gravenreuth im Gouvernementsgarten.
13. Anlegebrücke für Seedampfer mit Marktplatz in Kamerun.
14. Woermann-Faktorei am Kamerunfluß.
15. Kirche (Schloßkapelle) in Bellstadt.
16. Haus des „Kings" Bell (letzterer liegt innen unten begraben).
17. Blick vom Hause Rudolf Bell auf den Kamerunfluß.
18. Fächerpalmen in Bellstadt.
19. Basler Mission mit Kirche vom Kamerunfluß aus gesehen.
20. Kirchhof der Europäer in Kamerun (Grabmal des Reichslehrers Christaller).
21. Kasino der Unteroffiziere der Schutztruppe.
22. Trommler- und Pfeiferkorps der Schutztruppe.
23. Schwarze Soldaten mit ihren Weibern vor ihren Hütten.
24. Aufziehen der schwarzen Wache in Kamerun.
25. Fechtscene der schwarzen Soldaten in Tokotostadt.
26. Fruchttragende Bananenstauden.
27. Eine Klasse der Baptisten-Missions-Schule in Bonaku.

Vorwort.

Jedem Deutschen wird die Begeisterung im Gedächtnis haften, welche nach der Besitzergreifung unserer ersten Kolonie, Kamerun, in den oberen wie unteren Schichten der Bevölkerung vorherrschte, und welche überall da, wo Deutsche wohnen, lebhaften Anklang fand.

Mit dieser Besitzergreifung wurden alte Erinnerungen an ähnliche Zeiten lebendig. Hatte doch schon der Große Kurfürst 200 Jahre vorher den ersten Anfang im Erwerb überseeischen Landes gemacht, indem er an der Westküste von Afrika mit Negerhäuptlingen Verträge abschloß und ein kleines Gebiet erwarb. Dort gründete er die Feste „Großfriedrichsburg", deren Ueberreste jetzt im Gestrüpp des afrikanischen Urwaldes uns wie die Zeugen einer fernen, längst vergangenen gleichen Bestrebung deutschen Geistes anmuthen. Wenn nun auch diese erste brandenburgisch-deutsche Kolonialgründung nicht von langer Dauer war, so lag das am Geiste jener Zeit, welche bald näher liegende Dinge in den Vordergrund der Interessen treten ließ.

Der Gedanke an Kolonialbesitz hat aber nie im deutschen Volke geschlummert. War es nicht stets ein beschämendes Gefühl, wenn man die Berichte über die große Zahl von Auswanderern las? Lag und liegt nicht der Gedanke nahe: Könnte nicht ein großer Theil aller dieser Heimathsflüchtigen nach eigenen Kolonieen dirigiert werden und dadurch der Nation erhalten bleiben? Wie schmerzlich war dann der Gedanke: Deutschland hat es noch nicht vermocht, England und Frankreich gleich zu thun und Kolonieen zu erwerben. — Jetzt aber, Gottlob, hat Deutschland die Bahn betreten, die sich ein jeder im Geiste ausmalte! Noch unter Wilhelm I., unter Bismarck, wurde der Gedanke verwirklicht, und am 14. Juli 1884 wurde die Besitzergreifung von Kamerun vollzogen. Daß Deutschland auch fernerhin bei der völligen Aufteilung des „schwarzen" Erdtheils nicht allzu kurz gekommen, zeigt die heutige Karte von Afrika! Wenn auch vielfach behauptet wird, daß unsere afrikanischen Kolonieen wenig Werth haben, so hat sich doch schon bis heute ein allgemeiner Umschwung der Anschauungen Bahn gebrochen. Wer z. B. ständig die günstigen Berichte aus unserer, dem ersten Anscheine nach werthlosesten Kolonie, Deutsch-Südwest-Afrika, liest, dem wird sich immer mehr ein vollständiger Wandel der Anschauungen aufdrängen und er wird sich sagen: Hat nicht deutsche Intelligenz und Schaffensfreude überall im Handel und Verkehr die besten Erfolge zu verzeichnen? Sollte dort unten in Afrika nicht auch ein Umschwung der Verhältnisse eintreten können?

Und nun unser Kamerun! Was dem eben erwähnten Deutsch-Südwest-Afrika an Fruchtbarkeit und fruchtbarem

Boden abgeht, besitzt dieses in überreichem Maaße. Was die vielen Flüsse, welche in den Golf von Guinea münden, im Laufe von Jahrtausenden an Schlamm abgelagert haben, kommt der heutigen Vegetation zu Gute. Diese Schlammablagerungen erzeugen aber grade leider das für den Europäer so ungünstige Klima. Der Boden kann infolge des üppigen Pflanzenwuchses nicht austrocknen, außerdem fallen zur Ebbezeit große Theile der Flußläufe und die Creeks trocknen, welche die so tödtlichen Miasmen zur Erzeugung der Malaria aussenden.

Bedenkt man aber, daß auch ähnliche Verhältnisse in heute so blühenden Kolonieen fremder Nationen, z. B. in Indien p. p. geherrscht haben, und dort heute eine bedeutend mindere Sterblichkeitsziffer zu verzeichnen ist, Dank der von Jahr zu Jahr in vermehrtem Maaße eingeführten hygieinischen Einrichtungen, so wird man sich sagen, daß auch „unser Kamerun" einstmals zu einer blühenden Provinz ja vielleicht zur „Kornkammer" des Heimathlandes werden kann. Besitzen wir doch in unserm jugendlichen Herrscher, Kaiser Wilhelm II., einen Hauptförderer kolonialer Unternehmungen. Wo ein solcher die Führung hat, braucht man für die Zukunft nicht bange sein, sondern vermag ihr wohlgemuth die größten Hoffnungen entgegenzubringen.

Im vorliegenden Werk gedenkt der Verfasser sowohl denen, welche Gelegenheit hatten, „unser Kamerun" persönlich kennen zu lernen — und dies sind nicht wenige! — Haben sich doch auf unseren Kriegsschiffen seit 1884 jährlich ca. 250 Deutsche in dieser Kolonie aufgehalten! — als auch denen, welchen dies noch vergönnt sein wird, eine schöne Erinnerung an ihren Aufenthalt in unseren Tropen zu bieten. Die Illustrationen sollen dieselben zurückversetzen in die Zeit, als sie noch unter Palmen wandelten und sollen ihnen helfen, einst verlebte unvergeßliche Stunden wachzurufen. Kann man doch niemals besser angenehme Reiseerlebnisse schildern als an der Hand naturgetreuer Photographieen. Allen denjenigen aber, welche noch hinausziehen nach „unserem Kamerun", dürfte dieses Werk ein stets willkommener Führer sein.

So mag denn dieses Buch hinaus gehen unter die große Menge! Möge auf seinem Inhalt so manches Auge sinnend haften und im Geist zurückschweifen über das Meer bis dahin, wo die schlanken Palmen am Gestade auftauchen und ihm den ersten Willkommengruß beim Besuch der Tropenwelt bieten!

Magdeburg, im Oktober 1899.

Unser Kamerun

in Wort und Bild.

„Unser Kamerun" ist ein Hochplateau, auf welchem sich von der Küste an Bergketten nach dem Innern hinziehen und welches dort von Gräsländern und Wäldern, im vulkanischen Küstengebiet jedoch mit dichtem Urwald bedeckt ist. Der Flächeninhalt beträgt etwa 495 000 qkm. Es ist also annähernd so groß wie das deutsche Reich. Seine Grenze reicht an der Küste vom 2° bis zum 5° nördlicher Breite, im Innern bis an den Tschadsee und an das Kongogebiet.

Wenn man auch Niederlassungen von Europäern fast überall an der Küste antrifft, so sind doch folgende Hauptniederlassungen zu erwähnen: Victoria, Kamerun, Buëa, Bibundi, Soppo, Rio del Rey, Groß-Batanga, Klein-Batanga, Edea, Kribi und im Hinterland die Yaunde-Station.

Die Zahl der im Jahre 1898 im Kamerungebiet ansässigen Deutschen betrug ca. 260. Die schwarze Bevölkerung wird auf etwa 3½ Millionen geschätzt.

Von den Flüssen sind zu nennen: Der Kamerunfluß, Mungo, Njong, Sanaga und der Kampofluß.

Da unsere Schutztruppe sich z. Z. auf einem Eroberungszuge im Hinterlande von Kamerun befindet und dort schon glückliche Erfolge zu verzeichnen hat, so ist zu hoffen, daß im Hinterlande außer der Yaunde-Station noch mehrere feste Stationen angelegt und besetzt gehalten werden, um die endgültige Erschließung des Hinterlandes besser durchführen zu können.

Unsere jetzige beste Dampfschiffverbindung mit Kamerun ist die Woermann-Linie, mit deren Dampfern man von Hamburg aus Kamerun in etwa 24 Tagen erreichen kann.

Wenn man an Bord eines ihrer Schiffe, von Europa kommend, Kap Palmas umschifft hat und nun nördlich des Aequators mit östlichem Kurs in den Golf von Guinea steuert, so taucht nach mehrtägiger Fahrt in der diesigen Luft die Spitze eines Berges auf, der in kurzer Zeit eine zweite folgt. Beim Näherkommen entfalten sich dem Blick immer kräftigere Bergesmassen. Die Erstere ist der 3500 m hohe Clarence Peak und bildet die höchste Erhebung der spanischen Insel Fernando Po, die Zweite, imposantere, der 4200 m hohe Mongo ma Loba, der Götterberg der Kameruner. Fernando Po lassen wir an Steuerbord und steuern auf den Mongo ma Loba zu. Bald unterscheidet man an den Konturen der Berge einzelne Bäume, fernerhin Hütten, und endlich wirft das Schiff, nachdem es in die Ambasbucht eingelaufen, in der Nähe der Insel Mondaleh Anker. Vor uns liegt Victoria,

malerisch ausgebreitet und überragt von den gewaltigen Bergesmassen des Kamerungebirges.

Südwestlich der höchsten Erhebung desselben befindet sich eine mindergroße, der Mongo ma Etinde (Abb. 1), der kleine Kamerunberg, welcher als Beginn des Kamerungebirges gelten kann. Seine Westseite fällt steil in den See hinab. Obgleich seine Höhe immerhin noch 1800 m beträgt, erscheint er doch nur klein gegenüber dem Mongo ma Loba. In Folge seiner Steilheit ist er bisher noch nicht bestiegen worden.

Hat das Auge je Gelegenheit, echte Tropenlandschaft zu sehen, so ist dies hier in der Ambasbucht der Fall. Wohin der Blick sich wenden mag, überall wird man überrascht sein von der Ueppigkeit der Vegetation. Nirgends befindet sich ein Plätzchen, an dem nicht das kräftigste tropische Grün emporwuchert, überragt von den schlanken, schwankenden Palmen. Bis hoch ins Gebirge hinauf erblickt man die gleiche Vegetation und nur an solchen Tagen, an denen der Kamm frei von Dünsten oder Wolken ist, gewahrt man, daß die oberen Regionen nur kahlen Fels bilden.

Ueberwältigt von diesem Eindruck, den hier die Natur auf das Gemüth macht, kehrt man erst beim Anblick des freundlich blickenden Städtchens Victoria mit seinen aus dem Grün hervorleuchtenden weißen Häusern zur Wirklichkeit zurück.

Sehen wir uns zunächst in der Ambasbucht selbst um. In erster Linie fällt die hochgelegene Insel Mondaleh ins Auge. Wie eine riesige Warte ragt diese aus der stillen Fluth empor, gekrönt von einer kleinen Ansiedelung. Weiterhin zeigt sich die langestreckte Insel Ambas. Da sie der Bucht vorgelagert ist, so hat sie dieser den Namen gegeben. Die Insel ist unbewohnt und mit einem dichten Gewirr von Bäumen und Gesträuch bedeckt. Nur hier und da sieht man eine wilde Ziege auf den Basaltfelsen herumklettern, welche beim Näherkommen jedoch spurlos verschwinden.

In grader Linie von der Insel Ambas nach dem Mongo ma Etinde gewahrt das Auge nahe der Küste eine Reihe einzelner Felsen, welche aus der Fluth emporragen. Blickt man näher zu, so gewahrt man auf denselben eine Menge Hütten. Diese Felsen sind die bewohnten Pirateninseln (s. Abb. 2). Man wird sich fragen, woher dieser Name stammt. Möglich, daß den ersten Erforschern dieser Küste die Bewohner als räuberisch geschildert oder in dieser Beziehung bekannt wurden, sodaß sie deren Inseln diesen schlimmen Namen beilegten. Jetzt sind dort friedsame Fischerfamilien ansässig, welche man täglich die Bucht zum Zweck des Fischfanges bevölkern sieht.

An der ganzen afrikanischen Küste steht eine äußerst heftige Brandung, so daß das Landen in Victoria für Boote sehr schwierig ist. Man benutzt hier überall die sog. Brandungsboote, welche vorn und hinten spitz sind und sich sehr vortheilhaft bewähren.

Nachdem die Barre passirt ist, gelangt man in ruhigeres Fahrwasser. Früher war nun trotzdem das Landen auch hier recht schwierig, es ist erst seit einigen Jahren durch den Bau einer einfachen Brücke etwas erleichtert, welche unter Leitung des Polizeimeisters durch Schwarze ausgeführt wurde.

Victoria selbst macht einen guten Eindruck. Die Hauptstraße ist die Sodenstraße (s. Abb. 3). An dieser liegen einige Faktoreien, die Polizeistation, Regierungsgebäude, Post ꝛc. Weiterhin führt die Straße über den Lembefluß, welcher in raschem Gefälle über Steingeröll der See zueilt und die Stadt mit kühlem erfrischenden Gebirgswasser versorgt. Hier sieht man die Bewohner sich baden, Wäsche reinigen u. s. w. Befinden sich Kriegsschiffe hier, so bietet das Flüßchen auch den Mannschaften ein kühles Bad inmitten der heißen Tropengluth. Verfolgt man nun die Straße weiter, so gelangt man in den botanischen Garten, welcher von Dr. P. Preuß als Versuchsgarten im großen Stil angelegt ist (s. Abb. 4). Schön, wie in einem Paradiese gelegen, erblickt man das Haus des Directors mitten im Garten. Außerdem sind in demselben alle die Gebäude errichtet, in welchem die gewonnenen Producte vor ihrer Versendung nach Europa verarbeitet werden.

Victoria bildet den Schlüssel zur Erforschung des Kamerungebirges. Von hier aus ist schon bis hoch ins Gebirge hinauf ein breiter Weg im Urwald angelegt, welcher in gleicher Breite bis Boana und in geringerer Breite weiter bis zur Station Buëa führt.

Eine Besteigung des großen Kamerunberges von Victoria aus ist Jedem zu empfehlen, welcher Gelegenheit dazu haben sollte. Ausgeführt wurde sie zuerst vom Botaniker Mann im Jahre 1862. Seit dieser Zeit ist der Gipfel öfter erstiegen worden, u. A. durch den Afrikareisenden Hugo Zöller, im Jahre 1886 durch zwei schwedische Forscher, 1891 und 1895 durch den Leiter des botanischen Gartens, Dr. Preuß, durch v. Stetten und Andere.

Zur Besteigung ist ein Zeitraum von 5—6 Tagen erforderlich. Während in früheren Jahren stets der Stamm der Buëas sich dem Durchgang durch ihr Gebiet widersetzt und so eine Besteigung beinahe unmöglich gemacht hatte, da es keinen anderen bekannten Weg, als den durch Buëa gab, fällt dieser Umstand seit 1894 weg. In diesem Jahre wurden die Buëas durch v. Stetten im Kampfe besiegt und aus ihren Wohnsitzen verdrängt. Leider fiel hierbei der tapfere v. Gravenreuth.

Um eine Besteigung auszuführen, thut man gut, in Victoria Träger und einen Führer anzuwerben. Damit die erste Station für die Nacht, das ca. 1000 m hoch gelegene Buëa bequem erreicht wird, muß der Aufbruch schon am frühen Vormittag erfolgen.

Der Weg führt zuerst am Lembefluß entlang, schließlich überschreitet man diesen und gelangt nun, fortwährend in nordöstlicher Richtung höher steigend, immer tiefer in den dichten Urwald hinein. Zu beiden Seiten des ausgetretenen Weges erblickt man Oelpalmen, wildwachsende Bananenstauden, große mächtige Wollbäume und die sonstige reichhaltigste Flora, wie sie der tropische Urwald bietet. Hin und wieder hört man den Pfefferfresser, den afrikanischen Kuckuk, das Gekreisch von Papageien, das Gurren von Tauben, oft genießt man den Anblick eines hoch in den Lüften kreisenden Adlers. Manchmal hüpft ein Affe von Ast zu Ast oder man sieht eine größere Menge derselben ihres Weges über die Bäume dahinziehen. Gelangt man auf etwas freiere Stellen des Urwaldes, so umgaukeln den Wanderer oft Schaaren der schönsten Schmetterlinge.

Nach 2½ stündigem Steigen erreicht man eine Schlucht, in deren Tiefe ein kleiner Gebirgsbach sprudelt. Die wulstigen

Wurzeln eines riesigen Bauwollenbaumes (s. Abb. 5) laden zur Ruhepause und zum Imbiß ein. Die Höhe über dem Meere beträgt etwa 4—500 m. In der Nähe dieses Platzes erhält man einen kurzen Ausblick über die Ambasbucht und gewahrt von hier aus die bewaldeten Höhen, welche die Kriegsschiffsbucht umsäumen. Unter Gesang der Träger geht es nach kurzer Rast weiter. Nach einer Stunde weiteren Steigens erreicht man das Dorf Boana. Die Hütten desselben liegen sehr vereinzelt im Busch zerstreut und nur nach wiederholten Rufen erscheinen einzelne Bewohner und bringen Früchte zum Tausch. Diese Leute gehören zum Stamm der das Gebirge bewohnenden Bakwiris.

Da der Weg fortwährend höher führt, so macht sich schon eine kühlere Temperatur bemerkbar und die tropische Vegetation einem niedrigen Buschwalde Platz. Hin und wieder zeigt sich der vulkanische Charakter des Bodens. Oft dröhnt derselbe hohl unter den Schritten und der Weg führt über welliges Terrain. Anscheinend sind dies die Ueberreste der gewaltigen Lavaströme, welche einstmals den Berg hinabströmten.

Etwas weiter oberhalb Boana gewinnt man freien Ausblick nach dem Kamerun- und Bimbiafluß, während sonst nur zeitweise der Blick nach der östlichen Seite des Gebirges zu frei wird. Nach längerem Marsch erreicht man die Plantage Soppo. Weiterhin führt der Weg ziemlich tief in eine Schlucht hinab, dann wieder sehr beschwerlich in die Höhe, bis endlich weit oberhalb die Station Buëa sichtbar wird und den Marschirenden nun neue Kräfte verleiht. Winkt doch hier die erste längere Rast nach der beschwerlichen Wanderung in der Tropenhitze.

Sobald man sich Buëa nähert, passirt man die Stelle, an welcher im November 1894 der Frhr. v. Gravenreuth im Kampfe gegen die aufrührerischen Buëas fiel. Endlich ist die Station erreicht und man befindet sich nun ca. 1000 m über dem Meere. Die Luft ist hier nicht mehr tropisch heiß, sondern erscheint wie warmes Sommerwetter. Nach dem anstrengenden Marsch ladet das neben dem Polizeistationsgebäude vor einigen Jahren aus Wellblech gebaute Logirhaus zur Ruhe ein. Die Träger finden ein Unterkommen in dem für die Schwarzen errichteten Schuppen, wo sie es sich sofort bequem machen. Der weiße Besucher dagegen wird nach kurzem Ausruhen und leiblicher Stärkung es sich nicht nehmen lassen, einen Rundgang durch Buëa zu machen (s. Abb. 6).

Gleich am Eingang zur Station befindet sich links das Wachtlokal der Polizeitruppe und die Kirche, rechts das Wohnhaus des Polizeimeisters, weiterhin das oben erwähnte Logirhaus. Um einen rechteckigen Platz herum liegen eine Reihe Hütten. Etwas weiter oberhalb ist das Regierungsgebäude im Bau. Der Blick von hier auf den Kamerunpik ist imposant. Es ist dies aber erklärlich, da der von hier aus sichtbare Bergesrücken noch eine Höhe von ca. 3000 m besitzt.

An der Westseite bildet ein Gebirgsbach in einer tiefen Schlucht einen Wasserfall. Wie köstlich erfrischt hier ein Bad nach den Anstrengungen des Tages. Die Aussicht von Buëa nach dem Kamerungebiet ist an dunstfreien Tagen großartig. Man übersieht die Mündungen der Flüsse, vermag den Lauf des Kamerunflusses weithin zu verfolgen und gewahrt auch die Niederlassungen der Europäer in Bellstadt, Aquastadt ec. Meistens ist aber diese Aussicht

durch die über den unteren Regionen lagernden feuchten Dünste benommen. Nur in der Regenzeit ist dies weniger der Fall, da nach anhaltendem Regen einige Zeit lang die Luft von Dünsten frei ist.

Der weitere Aufstieg von Buëa aus wird beschwerlicher wie am ersten Tage, da bis zum nächsten Ziele, den Höhlen, eine Höhe von ca. 1500 m zu überwinden ist. Die Vegetation auf dieser Strecke ist anfangs dieselbe wie vor Buëa. Bald führt der Weg aber wieder durch hohen Urwald. Ein Gebirgsbach bietet hier die letzte Gelegenheit, für den weiteren Aufstieg die Behälter mit Wasser zu füllen. Die Vegetation dieser Region ist imposant durch das häufige Vorhandensein mächtiger Wollbäume, Baumfarne u. A. mehr. Die Bäume sind überwuchert von Flechten und Moos. Palmen giebt es hier nicht mehr. Vertreten ist dagegen wilder Kaffee und sonstige Laubbäume. Nachdem man ca. 1000 m gestiegen ist, gelangt man in das Grasland. Hier erscheint die Landschaft wie eine Prärie und ist übersät von einem prachtvollen Blumenflor, über welchem sich ganze Schaaren von Schmetterlingen tummeln. Dazwischen ragen überall mächtige Lavablöcke empor. Nach Nordosten zu erblickt man eine sehr steile zerklüftete Felswand. Nach weiterem zweistündigen Marsch ist die zweite Nachtstation, die in einer Höhe von ca. 2500 m liegenden Höhlen, erreicht. Wohl dem Wanderer, wenn er diese vor Ausbruch eines Gewitters erreicht hat. Letztere sind hier oben im Gebirge eine zu häufige Erscheinung und dann von ungewöhnlicher Stärke. Verfasser erlebte ein solch' fürchterliches Gewitter in Buëa. Der Wind fegte in gewaltiger Stärke vom Gebirge herab und die unter der Station über die unteren Regionen wie in gleicher Höhe und oberhalb sich ergießenden Regenströme erregten ein ungeheures Sausen und Brausen in den Lüften. Man befindet sich oft mitten in den Gewitterwolken und die Blitze bilden ein fortwährendes Feuer.

Am dritten Tage führt der Weg steil aufsteigend durch das Grasland weiter. Erschwert wird derselbe durch immer häufiger werdende Lavablöcke, bis man endlich den eigentlichen Kamm des Gebirges vor sich hat. Hier hört das Grasland auf. Der Fels ist nur noch zum Theil mit Moos bedeckt. Die Lavamassen werden hier äußerst bröcklig und der Marsch außerordentlich beschwerlich. In einer kleinen Schlucht, in einer Höhe von etwa 3500 m befindet sich die dritte Raststelle.

Von hier aus führt am folgenden Tage der Weg durch ein Chaos von Lavafelsen nach dem eigentlichen Gipfel. Der Wind wird immer schneidender und kälter, sodaß hier meistens die Träger ihren Gehorsam versagen und nicht mehr weiter steigen. Nach etwa dreistündigem Steigen über Aschfelder, in die der Fuß einsinkt, ist der Rand des Kraters erreicht, dessen gerölliger gähnender Schlund zu Ausrufen des Staunens reizt. Nach kurzem weiteren Steigen gelangt man auf den eigentlichen Pik. Die großartigste Aussicht bietet hier dem Reisenden reichlichen Ersatz für die Bemühungen der letzten Tage. Eine große Menge von Kratern zeugen von der ehemals so gewaltigen vulkanischen Thätigkeit des Kamerungebirges. Bis weit in das Innere von Afrika reicht der Blick und man erblickt viele unbekannte und noch unerforschte Berge. Südwestlich taucht der Clarence Pik der Insel Fernando Po auf und der Atlantik breitet sich wie ein unendlicher Spiegel aus.

Beim Abstieg gelangt man in ca. 4 Stunden zu den Höhlen, übernachtet hier und erreicht am folgenden Tage über Buëa

wieder das Städtchen Victoria. Jedem Reisenden dürfte diese Tour die angenehmsten Erinnerungen an die großartige Natur des Kamerungebirges dauernd hinterlassen.

Nach Victoria zurückgekehrt, findet man reichlich Gelegenheit, sich von den Strapazen der Gebirgstour zu erholen. Man wird nun mit anderen Gefühlen den botanischen Garten durchwandern. Findet man doch alle auf der Tour beobachteten Bäume und Pflanzen hier vereint wieder, blühend und mit Früchten behangen. Auch wird man über viele aufgetauchte Fragen hier bereitwilligst Auskunft erlangen.

Außer der Gebirgstour kann man von Victoria aus noch eine zweite interessante Wanderung unternehmen: nach der Kriegsschiffsbucht bezw. nach Bimbia. Man erreicht diese nach etwa zweistündigem Marsch durch den prächtigsten Urwald. Hier hat die Natur in glücklicher Vereinigung von See und Tropenlandschaft ein zweites Paradies geschaffen. Die Kriegsschiffsbucht ist dem Anschein nach einstmals ein mächtiges Kraterbecken des Gebirges gewesen und bildet jetzt den besten Hafen Kameruns, da große Schiffe dicht am Ufer anlegen können. Seltsam geformte Felsen sieht man hier und da aus dem Wasser ragen. Die Cyclopgrotte, welche ehemals selbst ein kleiner Krater war, bildet eine Sehenswürdigkeit der Bucht. Hier an der Kriegsschiffsbucht findet man die älteste und erste deutsche Pflanzung am Kamerungebirge. Sie wurde im Jahre 1884 begonnen. Ihre z. Z. musterhafte Einrichtung, welche auf die Sachkenntniß der Anlage, sowie auf die intelligente Leitung zurückzuführen ist, bereitet dem Besucher bei der Besichtigung ein wahres Vergnügen.

Wenden wir uns nun in das nördliche Kamerungebiet. Sobald man das Kap Debundja, einen Ausläufer des Kamerungebirges, umschifft hat, gelangt man nach Bibundi. Hier liegt das wahre Eldorado für jeden Pflanzer. Der Boden besitzt eine Fruchtbarkeit, die ihresgleichen in der Welt sucht. Die Anlage von Plantagen ist hier sehr erleichtert durch großes, ebenes Terrain, ferner dadurch, daß die Gegend von Bächen durchströmt wird. Weiterhin am Gebirge bietet das aufsteigende Gelände günstige Anlagen für den Kaffeebau. Hier auf der Westseite des Gebirges, in Bongé am Memefluß, wurden die ersten Pflanzungen Mitte der 80er Jahre von einer schwedischen Handelsgesellschaft eingerichtet. Besonders Cacao gedeiht auf dem Basaltboden des Gebirges üppig.

Weiter nördlich gelangt man in das Gebiet des Rio del Rey. Dieser ist eigentlich kein Fluß, sondern ein Sammelbecken, welches durch die Vereinigung mehrerer Küstenflüsse gebildet wird. Der Hauptort dieses Gebietes ist Mdobe. Hier treffen die von dem Inlande kommenden Palmölladungen zusammen und gehen von hier aus nach Kalabar zur Verschiffung. Doch tritt hierin schon Wandel ein, indem durch Anlegen von deutschen Faktoreien die Produkte dem englischen Markt entzogen werden und somit dem deutschen zufließen.

Einen eigenartigen Eindruck machen in dieser Gegend häufig seltsam geformte Basaltfelsen, welche hier und da im Busch verstreut auftreten. Nach den Forschungen des verdienstvollen Reisenden Dr. Zintgraff besteht von hier aus bis Adamaua das Hinterland aus prächtigem Grasland mit gutem Klima und ist zur Besiedelung durch deutsche Auswanderer wohl geeignet.

Im südlichen Kamerungebiet sind die Orte Malimba, Klein- und Groß-Batanga, sowie Kribi zu erwähnen. Der

Kampofluß bildet die Grenze. Malimba liegt südlich der Mündung des Sanagaflusses. Der letztere ist bis zu den Edea-Wasserfällen schiffbar. In der Nähe dieser Fälle befindet sich die Station Edea.

Kribi (s. Abb. 7) liegt an einem kleinen natürlichen Hafenbecken, welches durch eine Barre von der See getrennt ist. Ein Gebirgsflüßchen eilt schäumend und tosend der See zu und versetzt den Reisenden unwillkürlich in eine Gegend Oberbayerns ꝛc. Der Ort besteht aus einer Anzahl zerstreut gebauter Hütten. Im Hintergrunde des Hafens erblickt man die Missionskirche und daneben das Missionshaus. Nördlich davon führt eine sehr primitiv gebaute schwankende, lange Holzbrücke über das oben erwähnte Flüßchen, gerade an der Stelle, wo es sich rauschend in den kleinen Hafen ergießt. Im Ort befinden sich einige Faktoreien.

Etwas landeinwärts liegt an einem gut gepflegten breiten Wege das Haus des Landeshauptmanns, daneben die Post ꝛc. Dem Anschein nach ist der Aufenthalt hier in Kribi fieberfreier, als in anderen Küstenorten Kameruns.

Klein-Batanga liegt nördlich von Kribi auf einer Landzunge, die auf einer Seite vom Meer, auf der anderen vom fischreichen Njongfluß bespült wird. Letzterer ist bis zu den Wasserfällen schiffbar.

Betrachtet man das südliche Kamerun von der Seeseite aus, so sieht man am Horizont merkwürdig geformte Berge, das sog. Mondgebirge. Bei Groß-Batanga erblickt man den Elephantenberg. Dieser Name stammt wohl daher, daß die Konturen des Berges dem Rücken eines solchen Vierfüßlers gleichen.

Nachdem wir nun flüchtig Nord- und Südkamerun gestreift haben, wollen wir uns in jenes Gebiet begeben, welches z. Z. das Hauptinteresse beansprucht: zum Sitz des Gouverneurs und zu jenen Niederlassungen am Kamerunfluß, die mit dem Sammelnamen Kamerun bezeichnet werden.

Sowie man von der Insel Fernando Po ostwärts steuert, wird man bald eine Unterbrechung der langgestreckten Küste gewahren, die einen Einblick in ein größeres Wasserbecken gestattet. Hat man darauf die Kamerunboje angesteuert und eilt der Küste immer näher, so erblickt man links das dicht bis an die See bewaldete Kap Kamerun, rechts eine bewaldete, am äußersten Ende jedoch kahle Landzunge, die Suellabaspitze. Das Fahrwasser hat hier eine Tiefe von ca 10 m. Hat man beide genannten Landmarken passirt, so befindet man sich in dem oben erwähnten Sammelbecken, in welches sich eine Menge größere und kleinere Flüsse ergießen, z. B. der Kwakwa, der Dibambe, Mungo ꝛc.

Während kurz nach der Besitzergreifung die Ansteuerung des Kamerunflusses und das Flußaufwärts-gehen durch die Unkenntniß des Fahrwassers sehr erschwert war, ist dies heute, dank den unermüdlichen Vermessungsarbeiten unserer Kriegsschiffe sehr leicht gemacht. Man passirt verschiedene durch Baken und sonstige See- und Landmarken kenntlich gemachte Punkte, wie z. B. die Mianju-, Manoka-, Malimba- und Olga-Spitzen ꝛc. Hat man Old Hole Point querab, so erblickt man endlich flußaufwärts den als Landmarke bezeichneten hohen Wollbaum im Gouvernementsgarten und eine Stunde später geht das Schiff dort vor Anker. Die Faktoreien bezw. das Gouvernement und die sonstigen Ansiedelungen faßt man zusammen unter der Bezeichnung Kamerun.

Der Kamerunfluß, welcher hier eine Breite von mehreren tausend Metern besitzt, eilt mit raschem Lauf der See zu.

Ebbe und Fluth rufen hier eine Veränderung des Wasserstandes um 2—3 m hervor. Auf der Kamerun entgegengesetzten Seite mündet ein Seitenarm des Mungo. Weiter oberhalb erblickt man eine Menge kleiner Inseln. Diese sind der Vereinigung des Abo und Wuri vorgelagert. Nach der Vereinigung bilden beide die Gewässer des Kamerunflusses. Für Seeschiffe ist etwas oberhalb Kameruns die Schifffahrt zu Ende. Von dort ab vermögen nur noch kleinere Dampfer mit höchstens 1 m Tiefgang den Abo und Wuri zu befahren. Doch ist das Fahrwasser auch hier, wie bei allen afrikanischen Flüssen öfteren und plötzlichen Veränderungen unterworfen, sodaß die Schifffahrt dadurch sehr erschwert ist. Eine große Gefahr, selbst für Boote, bilden, besonders in der Regenzeit, treibende Bäume, welche oft die Fahrrinnen verstopfen und mitunter ein Passiren fast unmöglich machen.

Eine fernere Eigenthümlichkeit der Gewässer dieses Gebietes bilden die sog. Creeks. Außer von den kleineren und größeren Flüssen ist das Gebiet von Wasserläufen durchzogen, sodaß man oft meilenweit seitab der Flüsse ins Land hineinfahren kann. Die Kanoes der Schwarzen eignen sich hierzu vorzüglich, doch vermag man auch mit europäischen Booten ziemlich weit einzudringen, man muß nur stets einen des Fahrwassers kundigen Duallalootsen mitnehmen.

Wer Kamerun vor einem Jahrzehnt gesehen und heute nach dort kommt, dürfte überrascht sein von den Veränderungen, welche hier eingetreten sind. Damals war beinahe das Haus des Gouverneurs das einzige in europäischem Stil aufgeführte Gebäude. Die Faktoristen wohnten auf Hulks, die dicht unter Land im Schlick festsaßen und die Hütten der Eingeborenen lagen unter dichtem Grün versteckt. Das Flußufer war durchweg morastig und sandte besonders zur Ebbezeit Miasmen von Fieberdünsten aus.

Heute ist dies zum großen Theil anders. Außer dem Gouvernementsgebäude befinden sich jetzt eine Menge anderer in europäischem Stil aufgebauter Häuser in Kamerun. Das schönste darunter ist wohl das vor zwei Jahren im Gouvernementsgarten errichtete Kanzlerhaus (s. Abb. 8). Dieses befand sich s. Z. in Treptow auf der Berliner Gewerbeausstellung, wurde in zerlegtem Zustande nach Kamerun überführt und dort wieder aufgebaut. Außer diesem sind das Hospital, das Unteroffizierhaus der Schutztruppe, die Post, Zollhaus, Faktoreien, Schule (s. Abb. 9) und Missionen zu nennen. Das Gouverneurgebäude (s. Abb. 10) befindet sich inmitten eines wohlgepflegten, mit schönen Kieswegen ausgestatteten Gartens, welcher mehrere Denkmäler enthält, darunter ein solches zur Erinnerung an Dr. Gustav Nachtigall, (s. Abb. 11), ein anderes zur Erinnerung an den im Kampfe gegen die Buëas gefallenen v. Gravenreuth. (s. Abb. 12). Vom Garten hat man einen prachtvollen Ausblick auf den Fluß und das Kamerungebiet. Im südwestlichen Theile des Gartens befindet sich das mit allen Anforderungen der Neuzeit eingerichtete Hospital, welches nur kranke Europäer aufnimmt. Für die Eingeborenen liegt einige hundert Schritt davon außerhalb des Gartens ein erst kürzlich erbautes, sehr bequem eingerichtetes Hospital. Gouverneurgebäude und -Garten sind auf der sog. Joßplatte errichtet, welche s. Z. von unserer Marine mit Sturm genommen wurde, wobei der Matrose Bugge im Kampfe fiel. Das Denkmal desselben befindet sich ebenfalls daselbst. Im nordöstlichen Theile des Gartens stehen Beamtenhäuser, die Post und Kanzlei. Nach dem Ufer zu

befand sich früher ein großes sumpfiges Gebiet. An dieser Stelle ist jetzt ein Maschinenhaus, sowie ein Schlipp für Schiffe errichtet. Der sonstige freie Platz dient den Eingeborenen jeden Sonnabend als Marktplatz. Oberhalb desselben liegt das Zollamt. Das Flußufer ist mit einer langen und hohen Cementböschung versehen. An geeigneter Stelle ist eine sehr feste eiserne Anlegebrücke (siehe Abb. 13) für Seeschiffe gebaut, an welcher die größten Dampfer anlegen können. Von der Brücke aus führen am Quai flußaufwärts Schienengeleise entlang und hier findet man verschiedene Faktoreien errichtet u. A. die Woermann-Faktorei (s. Abb. 14).

An diese Hauptniederlassungen der Europäer schließen sich die Dualladörfer an. Flußaufwärts liegt zuerst die Bellstadt, mit der schön gelegenen Schloßkapelle (s. Abb. 15). Auch befindet sich hier der Sitz des „Kings" Mango Bell. Derselbe wohnt z. Z. in dem „Palast" des verstorbenen King Bell (s. Abb. 16), dessen Grab sich in dem unteren Theile des „Palastes" befindet. Gegenwärtig führt der jetzige King ein in europäischem Stile eingerichtetes Steingebäude auf. Wenige Schritte davon wohnt der Bruder des „Kings", William, welcher Photograph ist. Weiter dem Fluß zu wohnt ein zweiter Verwandter des jetzigen King, Rudolf Bell, von dessen Haus man einen herrlichen Ausblick auf den Fluß hat (s. Abb. 17). Die übrigen Einwohner leben in sauber eingerichteten Hütten, welche der Regenzeit wegen sämmtlich auf einer erhöhten Lehmunterlage und aus Palmenrippen und -Blättern kunstvoll aufgebaut sind. Umgeben sind die Hütten zumeist von Bananen- und Maniokpflanzungen, hier und da erblickt man prächtige Oel- und Fächerpalmen (s. Abb. 18). Im Allgemeinen machen diese Dörfer einen angenehmen Eindruck.

Weiter oberhalb, von der Bellstadt durch eine tiefe Schlucht getrennt, liegt die Aquastadt, mit dem Sitz der katholischen Mission. Weiterhin gelangt man nach Didostadt. Dort befindet sich die Basler Mission mit Kirche (s. Abb. 19). Alle diese Dörfer sind durch einen breiten, gut angelegten Weg verbunden. Südlich von Aquastadt befindet sich der Kirchhof der Europäer (s. Abb. 20). Auf der anderen Seite des Flusses, der Didostadt gegenüber, liegt Hickorystadt.

Wandert man vom Gouvernementsgarten landeinwärts, so gelangt man nach der Poßstadt mit ihrem freundlich blickenden Kirchlein. Südwestlich führt der Weg weiter nach Tokotostadt. Hier befindet sich außer dem Unteroffizierhaus und -Kasino (s. Abb. 21) das Wachtlokal der Schutztruppe, weiterhin sind die Hütten der Soldaten erbaut, in denen jederzeit ein fröhliches Leben herrscht (s. Abb. 23). Durch das Dorf führt ein breiter Weg bis zum Exercierplatz. Hier kann man täglich den Uebungen der schwarzen Soldaten beiwohnen und bewundern, wie der militärische Geist selbst diesen „schwarzen Gesellen" in Fleisch und Blut übergegangen ist. Täglich hört man hier während den Uebungen des Trommler- und Pfeiferkorps (s. Abb. 22) die heimathlichen Klänge des Soldatenlebens, und sobald des Abends der Zapfenstreich ertönt, glaubt man sich in irgend eine Garnisonstadt Deutschlands zurückversetzt. Neben dem Exercierplatz befindet sich der Schießplatz der Schutztruppe. Interessant ist es, einem Aufziehen der schwarzen Wache (s. Abb. 24) beizuwohnen, und man muß immer wieder bewundern, wie schnell sich selbst ganz junge erst angeworbene Soldaten in den Dienst zu schicken wissen. Daß mit diesen schwarzen, preußisch gedrillten „Kerls" nicht zu

spaßen ist, sieht man in allen ihren Bewegungen, Fechten ist ihre Lieblingsbeschäftigung. (s. Abb. 25). Zur Zeit erringt unsere Schutztruppe ja die schönsten Erfolge im Hinterlande, in Adamaua. Somit bildet diese Söldnertruppe einen wichtigen Faktor für das Aufblühen unserer Kolonie Kamerun.

Betrachtet man die verschiedenen Stämme, welche das Kamerungebiet bevölkern, so findet man die südliche Seite des Kamerungebirges von den bereits erwähnten Bakwiris bewohnt. Diese sind ein kräftiger und muthigerer Menschenschlag als die Bewohner des Flachlandes. Ringkämpfe stehen bei ihnen auf der Tagesordnung. Zu ihnen gehören die in den oberen Regionen des Gebirges wohnenden Buëas, deren fortgesetzter Widerstand gegen die Weißen im Jahre 1894 durch v. Stetten gebrochen wurde. Die Westseite des Gebirges bis zum Memefluß ist von den Bombokos bevölkert. Verfolgt man die Richtung des Gebirges nordöstlich weiter, so gelangt man über die von Dr. Zintgraff angelegte Barombistation in das Gebiet der Bakundu. Hier entspringt der Mungo. Nach dem obigem Forscher scheint es unwiderlegbare Thatsache zu sein, daß die Bakundu Menschenfresser sind. Um ihrer Meinung nach das Fleisch schmackhafter zu machen „tödten sie ihre Opfer durch Eingießen von siedendem Oel in das After mittelst der Spitze eines als Trichter dienenden Flaschenkürbis!" Der Hauptort der Bakundus ist Batom. Außerhalb der Ortschaften findet man kleinere, welche nur von Sklaven bewohnt sind. Kein Sklave darf in den von den Freien bewohnten Dörfern die Nacht zubringen.

Weiter nördlich trifft man auf die Balistämme. Diese bewohnen das eigentliche über 1000 m hohe Grasland im Hinterlande. Die Balis sind ein ansehnlicher, geistig geweckter Menschenschlag. Kriegerisch gesinnt, in wohlgeordneten Verhältnissen lebend, ihren Häuptlingen blind gehorchend, so werden diese Stämme von den Reisenden geschildert. Gastfreundschaft ist eine ihrer lobenswerthen Eigenschaften. Hier findet man die Bewohner ackerbautreibend. Durch die Verbindung, welche der oben genannte Forscher mit den Balistämmen angeknüpft hat, hofft man mit der Zeit den in den Küstengebieten so unentbehrlichen schwarzen Arbeiter zu gewinnen, um dadurch der von Jahr zu Jahr schwieriger werdenden Beschaffung von Arbeitskräften ein Ende zu bereiten.

Nördlich von den Balistämmen gelangt man nach Adamaua, in das Gebiet der Haussa und Fullani. Hier erkennt man überall den Einfluß des Islam. Der Schwarze, welcher diesem ergeben ist, sticht in auffälliger Weise von den übrigen Eingeborenen ab. Der Verkehr läßt sich mit Ersterem in angenehmer Weise bewerkstelligen Sie sind stets zuvorkommend und gefällig. Die Haussa unternehmen zu Pferde und mit Packeseln monatelange Handelsreisen nach allen Theilen Innern-Afrikas. Die Sprache dieses Stammes ist somit eine weitverbreitete. Die gangbare Münze ist die Kaurimuschel. Der Hauptort von Adamaua ist Jola, liegt aber in der englischen Interessephäre. Größere Orte im deutschen Gebiet sind Konscha und Laro. Das Gebiet der Haussa ist in mehrere Sultanate eingetheilt. Die Sklaverei steht in höchster Blüthe und Sklavenjagden sind hier eine gewöhnliche Erscheinung. Einzelne Sultane sind ständig auf solchen Jagden abwesend.

Im südlichen Kamerungebiet, am Sanaga, sind die Stämme der Bakokos oder M'welles und im Hinterlande u. A. die Wute ansässig. Im Gebiet des Kamerunflusses

finden wir den mächtigsten Stamm unseres Kamerungebietes, die Dualla.

Allen Stämmen des afrikanischen Binnenlandes wohnt ein Drang zur Wanderung nach der Küste inne. Wissen sie doch, daß von dort alles dasjenige kommt, was ihnen so begehrenswerth erscheint, als da sind: Schußwaffen, Pulver, Schmucksachen ꝛc. Es findet daher seit Jahrhunderten ein allgemeiner Zug nach den Küstengebieten statt und nächst den Sklavenjagden ist häufig zu den vielen Fehden kein anderer Grund vorhanden, einen der Küste näher wohnenden Stämme zu vertreiben und sich in dessen Gebiet festzusetzen, als der, nur recht nahe dem Ursprungsland aller jener Artikel zu sein. So sind die Balis erst in diesem Jahrhundert in ihre jetzigen Wohnsitze im Graslande gelangt, als sie von den Fulla gedrängt, sich zur Wanderung entschlossen und schwächere Stämme aus ihren Wohnsitzen vertrieben. Ebenso ist bei den Duallas die Ueberlieferung verbreitet, daß sie einst aus dem Hinterlande gekommen sind und ihre jetzigen Wohnsitze an der Küste eingenommen haben.

Betrachtet man die Eigenschaften aller dieser Stämme des Kamerungebietes, so kommt man zu dem Schluß, daß unter Allen die Duallas die intelligentesten sind. Es mag dies zum Theil davon herrühren, daß sie in Folge ihrer, für den Europäer leichter zugänglichen Wohnsitze, da sie hauptsächlich in den Dörfern am Kamerunfluß wohnen, schon seit Jahrzehnten, ja vielleicht schon seit Jahrhunderten mehr oder weniger mit den Weißen in Berührung getreten sind als die übrigen Stämme. Somit war es ihnen möglich, sich mit den Eigenschaften derselben vertraut zu machen. Ihre so merkwürdige Gewohnheit, andere beim Kauf oder Tausch möglichst zu übervortheilen, mögen sie sich von den Sklavenhändlern angeeignet haben. Der Sklavenhandel wird die Veranlassung gewesen sein, daß sie ihren Sitz an der Küste dazu benutzten, Nutzen aus dem Zwischenhandel zu ziehen und durch ein gewisses Zollsystem gleichsam das Hinterland von der Küste zu trennen.

Auf diese Weise zogen sie, zum Theil auch noch jetzt, von allen aus dem Hinterlande nach der Küste hinabgebrachten Waaren den größten Nutzen und ihren Lebensunterhalt.

Als nach der Besitzergreifung die deutsche Regierung mit diesen „Privilegien" brechen wollte, um selbst in das Hinterland einzudringen, war es daher kein Wunder, daß die Duallas diesem Beginnen den größten Widerstand entgegensetzten. Nur nach und nach können hierin Aenderungen eintreten und zwar insofern, als man das Augenmerk der jungen, heranwachsenden Generation auf andere Dinge lenken muß, ihnen andere Mittel zu ihrem Lebensunterhalt anweist und sie ferner nach und nach zur Arbeit anhält.

Arbeit war dem Dualla bis vor einem kurzen Zeitraume ein beinahe unbekannter Begriff. Verdingte er sich ja einmal in einer Faktorei oder Hulk als Arbeiter, so geschah es nur, um so bald als möglich in den Stand gesetzt zu werden, sich eine Frau zu kaufen.

Der Duallastamm ist also lediglich ein Handelsvolk und war ein solches, bei dem das Sprichwort »time is money« keine Geltung besitzt. Denn, um mitunter eine Kleinigkeit zu erhandeln oder mit Vortheil loszuschlagen, kann man den Schwarzen oft stundenlang „Palaver" halten sehen. Mit einer Hartnäckigkeit, die oftmals einer besseren Sache würdig ist, besteht der Schwarze dem Weißen gegenüber

auf seiner Forderung, sodaß derselbe diese oft erfüllt, um den unerquicklichen Handel erledigt zu sehen.

Um allen diesen unnützen Zeitvergeudungen abzuhelfen, sind mit der Zeit durch die Faktoreien und das Gouvernement für die Waaren bestimmte Werthe festgesetzt, an welche die Schwarzen mit der Zeit gewöhnt werden. Trotzdem findet meistens noch ein langes Feilschen statt, und zuletzt wird der Schwarze stets die Hand zu einem »dash« (Geschenk) ausstrecken.

Doch in allen diesen eigenartigen Verhältnissen ist schon Wandel, wenn auch nur gering, geschaffen. Zur Zeit sind einige Duallas, welche in Deutschland oder auch in Kamerun die Schule besucht haben, mit Erfolg als Schreiber, Photograph ꝛc. beschäftigt, andere beginnen Handel in europäischem Stil, indem sie Waaren und Getränke von den europäischen Faktoreien entnehmen und an andere Schwarze weiter verkaufen.

Einen wichtigen Faktor für den Fortschritt der Civilisation bildet, wie überall, so auch hier, die Mission, indem sie in jeder Beziehung günstig auf den Neger einwirkt. Mit Vorliebe erlernen hier Schwarze das Zimmerhandwerk und finden lohnende Beschäftigung bei Bauten, welche nach und nach in europäischem Stil aufgeführt werden.

Alle diese, sich dem Thun der Europäer anpassenden Duallas, tragen europäische Kleidung und suchen auch sonst dem Europäer im Benehmen ꝛc. nachzuahmen. Gewiß ein Fortschritt auf dem Wege zur Kolonisirung Kameruns.

Noch eins giebt für die Folgezeit zum Nachdenken Anlaß. Man sieht, wie sich der Dualla, welcher europäische Kultur kennen lernte, leicht den Gewohnheiten der Weißen anpaßt und dadurch den Waarenumsatz im Lande und das Bedürfniß für europäische Artikel erheblich steigert. Man sollte daher den Eingeborenen im Lande selbst das Leben der Weißen und deren Bedürfnisse vor Augen führen, indem man vorerst in beschränktem Maaße ausgesuchte Einwanderer in einzelnen Theilen des Landes sich anbauen läßt. Auf diese Weise würde in wenigen Jahren eine größere Zahl Eingeborener europäische Bedürfnisse kennen bezw. gebrauchen lernen und um sich in der Folgezeit solche zu verschaffen, würden sie dann wohl leichter zur Arbeit anzuhalten sein.

Nach allen bisherigen Erforschungen steht fest, daß die Eingeborenen Kameruns im Allgemeinen ein tüchtiger Menschenschlag sind, deren gute Eigenschaften nur einer tüchtigen Leitung bedürfen, um Gutes zu schaffen und „unser Kamerun" zur Blüthe zu bringen.

Wenn wir die Sitten unserer Kameruner betrachten, so können wir getrost sagen, daß die einheimische Bevölkerung zu den besten Bewohnern des schwarzen Erdtheils zu rechnen ist. Ihre Kleidung besteht dort, wo sie im Verkehr mit Europäern stehen, in einem Stück Kattunzeug, welches sie um die Hüften schlagen und welches bis zum Knie oder auch bis zu den Füßen reicht. Wo sich europäischer Einfluß besonders geltend macht, tragen die wohlhabenderen Männer dazu ein europäisches Jaquet, die Frauen dagegen ein großes Ueberwurfhemd. Mit Ausnahme des nördlichen Kamerungebietes, in Adamaua, wo große togaähnliche Gewandungen getragen werden, besteht weiter im Innern des Landes die ganze Kleidung aus einem kleinen Lendenschurz, dazu trägt bei den Bakokos das weibliche Geschlecht auf dem hinteren Körpertheil eine Art Schweif, welcher einen eigenartigen Anblick verleiht.

Das kurze, krause Wollhaar wird von den Weibern in kunstvollen Figuren durch Rasiren herausgearbeitet. Bei den Balis tragen die Männer auf dem Scheitel einen Schopf, alle übrigen Haare werden sorgfältig abrasirt. Rauchen und Schnupfen ist überall Sitte und wird sowohl von Männern wie Frauen geübt. Tabak ist daher ein sehr begehrter Handels-Artikel. Das Tätowiren ist im ganzen Lande Brauch und beide Geschlechter unterziehen sich willig diesen schmerzhaften Proceduren.

Ihre Sittenanschauungen in geschlechtlicher Beziehung sind den unseren zum Theil gerade entgegengesetzte. Frauen werden nur gekauft oder geraubt. Je mehr Frauen ein Mann besitzt, desto reicher ist derselbe. Die Frauen verrichten sämmtliche Arbeiten. Das Familienleben beruht daher auf anderen Grundsätzen und die edlen Tugenden, wie Liebe, Treue c. werden ganz anders aufgefaßt wie bei uns.

Ob der Schwarze grausamer Natur ist, kann man dahin gestellt sein lassen, obgleich Grausamkeiten vielfach verübt werden. Diese stehen aber oft in Verbindung mit den religiösen Anschauungen und werden entweder durch die Medicinmänner („Zauberer") ausgeübt oder veranlaßt. Sog. Gottesurtheile sind überall Sitte, hierbei spielt der Gifttrank eine große Rolle.

Allgemein beliebt sind Tänze, wobei meist eine ausgelassene Fröhlichkeit herrscht und die oft Tage und Nächte hindurch fortgesetzt werden. Hierzu wird auf allen möglichen Instrumenten Lärm dazu gemacht. Hauptinstrumente sind die sog. Palavertrommeln, mittelst deren sich die Kamerunstämme außerdem durch eine besondere Trommelsprache weithin im Busch verständigen können.

Bei vielen Stämmen sind die Tänze äußerst schlüpfriger Natur. Treten Sterbefälle ein, so werden stets tagelang Todtenklagen durch Geheul von Weibern angestimmt.

Der Schwarze ist im Essen genügsam. Die Natur bietet ihm alle möglichen Früchte und Knollen, Bananen, Yams, Maniok, Oel c., die er sich mit leichter Mühe zubereitet. Fische liefern ihm die Flüsse in überreicher Menge. Nur Fleischnahrung ist in Kamerun sehr spärlich vertreten.

Die tropische Vegetation in unserem Kamerun zu schildern, könnte nur annähernd geschehen. Allem Anschein nach besitzen wir ein zweites Indien in unserem Kamerun, dessen Schätze zu heben den fortgesetzten Bemühungen unserer Kolonialfreunde und -Förderer in absehbarer Zeit gelingen dürfte. Wie schon anfangs erwähnt, bietet der Versuchsgarten in Victoria (s. Abb. 4) den Anblick eines Paradieses. Hier werden alle geeigneten tropischen Kulturpflanzen auf ihr Gedeihen geprüft. Cacao, Kaffee, Vanille, Pfeffer, Ingwer, Gummipflanzen pp. gedeihen hier vorzüglich. Welch üppiger Fruchtansatz sich nur bei einiger Pflege, z. B. an den Bananenstauden, entwickelt, zeigt Abb. 26. Während nun der Versuchsgarten dem Beschauer gedrängt alle tropischen Pflanzen und Bäume zeigt, trifft man diese im ganzen Kamerungebiet verbreitet an. In den Urwäldern Kameruns sind u. A. allein an Nutzhölzern noch ungezählte Millionen aufgespeichert, die ihrer Hebung nur geeigneter Verkehrsmittel, Wege und Eisenbahnen, warten. — Den Schilderungen der Reisenden zu Folge besitzt das Hinterland ausgedehnte Oelpalmenwälder, die allein schon, richtig ausgebeutet, Kamerun zu unserer ertragreichsten Kolonie zu stempeln vermöchten.

Von der Thierwelt sind wohl alle die den tropischen Ländern eigenthümlichen Rassen einheimisch, doch nicht in überreichem Maaße. Elephanten z. B. kommen an der Küste nur noch ganz vereinzelt vor. In einzelnen Gegenden des Hinterlandes sollen sie jedoch oft eine wahre Landplage bilden. Flußpferde, Krokodile, Schlangen, Affen ꝛc. trifft man in allernächster Nähe der Ansiedelungen an. Was die Vogelwelt betrifft, so sind außer den bekannten Vögeln, wie Papageien, Flamingos, Kraniche ꝛc., auch alle sonstigen tropischen Arten zu finden. Als Hausthiere werden von den Schwarzen Hühner, Schweine und vereinzelt Hunde gehalten.

In Bezug auf Handel und Verkehr ist zu konstatiren, daß beides von Jahr zu Jahr sich immer mehr hebt. Die bestehenden Pflanzungen werden fortwährend vergrößert, neue überall angelegt. Mit der Steigerung des Anbaues geht die Hebung des Handels Hand in Hand. So stellt die Ausfuhr von Kautschuk aus Kamerun jährlich schon einen Werth von ca. 1½ Mill. Mark dar. Voraussichtlich dürfte in drei Jahren die Ausfuhr von Kaffee und Cacao die gleiche Werthhöhe erreichen. An directen Steuern und sonstigen Abgaben gelangten im verflossenen Jahre 130000 Mk., an Zöllen 600000 Mk. in Einnahme. Der Reichszuschuß ist im Verhältniß zu den Summen, welche z. B. für Deutsch-Ostafrika aufgewendet werden, nur gering zu nennen. Er betrug im vergangenen Jahre 983000 Mk. Ist erst einmal dieser Zuschuß bedeutend erhöht, sodaß zum Wegebau ꝛc. geschritten werden kann, so dürfte sich diese unsere erste, bisher so vernachläßigte Kolonie zu einer vielleicht ungeahnten Blüthe emporschwingen.

So möge denn Kamerun wachsen und gedeihen. Möchten alle kolonialen Bestrebungen, welchen tüchtige Männer seit Jahren unbeirrt huldigen, von immer besseren Erfolgen begleitet sein und die jetzige militärische Erschließung und die private Plantagenthätigkeit vereint dazu beitragen, Kamerun dazu zu machen, was es zu werden verspricht, nämlich: zu einer Goldquelle, die nie zu versiegen vermag!

Illustrationen.
(Nach den neuesten photographischen Aufnahmen).

Der kleine Kamerunberg (Monga ma Etinde) vom Versuchsgarten in Viktoria gesehen.

Die Pirateninseln in der Ambas-Bucht von Viktoria aus gesehen.

Sodenstraße in Viktoria.

Versuchsgarten in Viktoria.

Rast am Baumwollbaum auf der Tour nach Buëa.

Station Buea im Kamerungebirge.

Hafen und Hafeneinfahrt von Kribi im südlichen Kamerungebiet.

Kanzlerhaus in Kamerun (im Gouvernementsgarten erbaut).

Schule in Kamerun.

Haus des Gouverneurs.

Denkmal von Dr. Gustav Nachtigall im Gouvernementsgarten.

Denkmal des Freiherrn von Gravenreuth im Gouvernementsgarten.

Anlegebrücke für Seedampfer mit Marktplatz in Kamerun.

Woermann-Faktorei am Kamerunfluß.

Kirche (Schloßkapelle) in Bellstadt.

Haus des „Kings" Bell (letzterer liegt innen unten begraben).

Blick vom Hause Rudolf Bell auf den Kamerunfluß.

Fächerpalmen in Bellstadt.

Basler Mission mit Kirche vom Kamerunfluß aus gesehen.

Kirchhof der Europäer in Kamerun (Grabmal des Reichslehrers Christaller).

Kasino der Unteroffiziere der Schutztruppe.

Trommler- und Pfeiferkorps der Schutztruppe.

Schwarze Soldaten mit ihren Weibern vor ihren Hütten.

Aufziehen der schwarzen Wache in Kamerun.

Fechtscene der schwarzen Soldaten in Sokotostadt.

Fruchttragende Bananenstauden.

Eine Klasse der Baptisten-Missions-Schule in Bonaku.

Eine Klasse der Baptisten-Missions-Schule in Bonaku.

Keckheit und Furcht spiegelt sich in den Gesichtern der kleinen halb oder ganz nackten Bürschchen. Sie wissen nicht recht, ob nicht doch allerlei böse Geister in dem Photographenkasten sind. Sie würden gewiß das Hasenpanier ergreifen, wenn nicht, wie ein guter Geist, ihre Lehrerin bei ihnen wäre. Im Oktober 1891 war diese mit ihrem Gatten, Missionar Steffens, dem ersten Sendling des Baptisten-Missions-Komitees für Westafrika, ausgezogen. Doch schon 1893 starb der Gatte und seitdem war Frau Steffens bis zu ihrer Wiederverheiratung mit einem anderen Missionar selbstständig in der Mission, an der Schule und am weiblichen Geschlecht in Bonaku thätig. Seit 1898 hat sich das Baptisten-Missions-Komitee zu einer inkorporierten Missions-Gesellschaft der deutschen Baptisten erweitert, die zur Zeit in Kamerun 8 deutsche und 52 eingeborene Missionsangestellte unterhält. Dieselben arbeiten auf drei Hauptstationen mit ansehnlichen Niederlassungen (Bonaku, Viktoria, Nyamtaie) und zahlreichen Nebenstationen. Arbeitsmethoden sind Predigt, Schulunterricht, und berufliche Ausbildung besonders Begabter in Kamerun und in Deutschland.

Sitz der Gesellschaft: Berlin N.W., Emdenerstr. 15.
Vorsitzender: Sanitätsrat Dr. Alberts. Inspektor: Prediger Scheve.
Organ: „Blüthen und Früchte." Jahreseinkommen: 55 000 Mark.